DE LA DURÉE

DU

DROIT D'AUTEUR

PAR

Édouard MACK

Avocat à la Cour d'appel

PARIS

IMPRIMERIE ET LIBRAIRIE GÉNÉRALE DE JURISPRUDENCE

MARCHAL ET BILLARD

IMPRIMEURS-ÉDITEURS, LIBRAIRES DE LA COUR DE CASSATION

Maison principale : Place Dauphine, 27
Succursale : Rue Soufflot, 7

1893

DE LA DURÉE

DU

DROIT D'AUTEUR

PARIS. — IMPRIMERIE L. BAUDOIN, 2, RUE CHRISTINE.

DE LA DURÉE

DU

DROIT D'AUTEUR

PAR

Édouard MACK

Avocat à la Cour d'appel

PARIS

IMPRIMERIE ET LIBRAIRIE GÉNÉRALE DE JURISPRUDENCE

MARCHAL ET **BILLARD**

IMPRIMEURS-ÉDITEURS, LIBRAIRES DE LA COUR DE CASSATION

Maison principale : Place Dauphine, 27

Succursale : Rue Soufflot, 7

1893

Mon cher Ami,

Vous avez bien voulu me donner à lire la première épreuve de votre brochure sur LA DURÉE DU DROIT DES HÉRITIERS ET DES CESSIONNAIRES DES AUTEURS, et vous m'avez fait l'amitié de me demander quelques lignes à mettre en tête en manière d'avant-propos. Je le fais de grand cœur, d'autant plus que votre travail soulève des questions très délicates mais très intéressantes. Je ne vous dirai pas que, sur tous les points, je partage votre sentiment. Certes, je suis tout à fait avec vous quand vous refusez d'admettre que le droit de l'auteur puisse, de son vivant, être partagé entre lui et les héritiers de son conjoint, sous prétexte qu'il tombe dans la communauté. Vous combattez la doctrine de l'arrêt de 1880 et vous avez raison; vous donnez même un argument qui me semble décisif quand vous rappelez que le conjoint de l'auteur, quand il survit, a un droit de jouissance absolue sur l'œuvre, tandis que, le conjoint venant à mourir le premier et l'auteur lui survivant, celui-ci n'aurait pas au moins le même droit. Il y a là, il faut en convenir, un *contraste bien choquant. Je préfère de beaucoup votre opinion à celle de la Cour de cassation.*

En revanche, je n'admettrais pas volontiers que, dans le silence du contrat, l'éditeur pût, sous une forme quelconque, profiter d'une prorogation de la durée du droit qui viendrait à être accordée par la loi. La prorogation, vous le reconnaissez, est toujours accordée dans l'intérêt de la famille de l'auteur. A quel titre l'éditeur, le cessionnaire, qui a traité sous l'empire d'une loi fixant une moindre durée au droit de l'auteur, profiterait-il de la prorogation? Qu'il écoule les exemplaires qu'il a tirés avant la loi qui remet les héritiers de l'auteur en possession du droit, cela est naturel et juste. Mais lui donner un droit égal à celui des héritiers, droit d'autant plus dangereux pour ceux-ci qu'il est l'éditeur attitré de l'ouvrage depuis un temps plus ou moins long, et que le public est habitué à le lui demander, c'est, à mon sens, dépasser la mesure des droits acquis. Remarquez que c'est une question tout à fait analogue qui s'élève à propos de la Convention d'Union de 1886, laquelle a été déclarée applicable aux œuvres non tombées dans le domaine public, dans leur pays d'origine, au moment de la signature de la Convention. Les Anglais, sous prétexte de droits acquis, soutiennent la même thèse que vous au profit des éditeurs qui avaient publié, avant la Convention, sans le consentement des auteurs. Les tribunaux d'Angleterre ont jugé que les auteurs, tout en rentrant dans leur droit exclusif vis-à-vis de tous, devaient supporter la concurrence des éditeurs dont la publication remontait à une époque antérieure à la Convention. Je crois pouvoir dire que les jurisconsultes de tous les pays ont critiqué ces décisions et que les congrès qui se sont réunis depuis 1886 ont toujours protesté contre l'interprétation des tribunaux anglais. Je pense, pour ma part, que c'est avec raison. La question n'en reste pas moins, dans tous les cas, dans celui que vous examinez comme dans celui de la Convention de 1886, une des questions les plus dignes d'être débattues, et la manière dont vous l'avez traitée, en rappelant l'opinion de notre éminent confrère Bétolaud dans un procès célèbre, est bien faite pour en raviver l'intérêt.

Mais je ne veux pas abuser du droit que vous m'avez donné de parler sur un sujet qui m'est particulièrement cher et je m'arrête en vous remerciant du plaisir que m'a procuré la lecture de votre travail. Il traite, dans une forme à la fois sobre et saisissante, des problèmes qui sont du plus haut intérêt pour les auteurs et il propose des solutions qui sont toujours ingénieuses; à ces divers titres, votre brochure mérite le succès qu'elle aura.

Votre affectionné,
EUG. POUILLET.

6 juillet 1893.

DE LA DURÉE

DU

DROIT DES HÉRITIERS

ET DES

CESSIONNAIRES DES AUTEURS

I

Sans vouloir nous livrer dans ce travail à une étude approfondie des principes de la matière, nous chercherons simplement à y résumer de la façon la plus claire possible les questions relatives à la durée du droit des auteurs qu'ont déjà fait et que peuvent encore faire naître les dispositions diverses de nos lois.

Chacun sait que, depuis un siècle, ces lois, après avoir tout d'abord consacré le principe du droit exclusif des auteurs, écrivains ou artistes, à la propriété de leurs œuvres, ont de plus en plus étendu la durée des droits reconnus à leurs veuves, héritiers, légataires ou cessionnaires, après leur mort.

Nous allons essayer de retracer les grandes lignes de notre législation sur ce sujet, en montrant dans quelle mesure les lois abrogées en principe en 1866 sont encore aujourd'hui applicables.

Sous l'ancien régime, la loi ne reconnaissait pas ce que nous appelons aujourd'hui le *Droit des auteurs sur leurs œuvres* ou *Droit de propriété littéraire ou artistique*. Le roi accordait seulement aux auteurs ou aux éditeurs des *privilèges*, qui pouvaient être perpétuels si l'auteur ou ses héritiers ne cessaient pas d'en jouir par eux-mêmes, mais qui étaient réduits à la durée de la vie de l'auteur par le seul fait de la cession qu'il en faisait à un libraire (arrêt du Conseil du 30 août 1777).

Une loi du 19 juillet 1793 (an II de la République) a reconnu aux auteurs d'écrits en tout genre, compositeurs de musique, peintres et dessinateurs, le droit exclusif de vendre, faire vendre, distribuer leurs ouvrages dans le territoire de la République et d'en céder la propriété en tout ou en partie, durant leur vie entière, et le même droit à leurs héritiers ou cessionnaires pendant dix ans après leur mort.

La *propriété littéraire et artistique* était ainsi formellement et définitivement reconnue par le législateur.

Dès l'origine, bien que la loi ne le dît pas, il a toujours été entendu que la sculpture était également protégée. La question ne s'est posée que plus tard pour l'architecture; mais il ne fait pas doute aujourd'hui que même la loi de 1793 peut aussi être invoquée comme ayant consacré les droits des

architectes. Ce que nous dirons pour les autres
arts s'appliquera donc également aux droits des
héritiers, cessionnaires ou légataires des architectes. Mais nous laisserons de côté l'étude de ces
questions en ce qui touche la photographie qui,
d'invention récente, n'est encore assimilée aux
autres arts ni par la loi, ni par certains théori-
ciens. A son sujet, les décisions judiciaires, déjà
fort nombreuses, ont varié suivant les cas. Nous
sortirions de notre cadre si nous voulions traiter
ici cette question de principe.

En 1810, au moment même où le Code pénal
allait, en édictant des peines contre les contrefacteurs, ajouter une sanction aux principes de la loi
de 1793, un décret (du 5 février) garantit le droit
de propriété à l'auteur et à sa veuve pendant leur
vie, et à leurs enfants pendant vingt ans. Il était
spécifié que la durée des droits des cessionnaires
des auteurs, soit nationaux, soit étrangers, serait
égale à celle qu'auraient eue les mêmes droits,
conservés par la veuve ou les enfants de l'auteur.
Mais les mêmes avantages n'étant pas reconnus
au profit des héritiers collatéraux, le droit de ces
derniers, et, par voie de conséquence, celui des
cessionnaires, continuait à être régi par la loi de
1793, quand l'auteur n'avait pas laissé de descendants.

D'autre part, le décret de 1810 étant spécial à

l'imprimerie et à la librairie, la question est restée douteuse de savoir si ses dispositions pouvaient être invoquées en faveur des héritiers ou des cessionnaires des artistes, peintres, sculpteurs ou architectes. En matière musicale, la Cour de cassation, en 1873 (1), l'a reconnu applicable à la protection des reproductions imprimées ou gravées, mais non au droit de représentation ou d'exécution, qu'une loi du 13 janvier 1791 protégeait seulement pendant cinq années au profit des héritiers ou cessionnaires des auteurs et qui pouvait être tout au plus considéré comme protégé pendant dix ans par l'article 7 de la loi du 24 juillet 1793. — Et en ce qui touche les autres œuvres artistiques, la Cour de cassation a seulement décidé en 1882 (2), contrairement à la jurisprudance antérieure, que la durée du droit réglée par le décret de 1810 devait leur être également considérée comme applicable, lorsqu'il s'agit d'une cession postérieure à ce décret, et antérieure aux lois dont nous allons maintenant parler.

Une loi du 17 août 1844 a étendu au droit de

---

(1) Cour de cassation, 11 mars 1873, aff. Richault c. Enoch (*Annales de la propriété industrielle, artistique et littéraire*, 1873, page 109).

(2) Cour de cassation, 20 février 1882, aff. Goupil c. héritiers Paul Delaroche et autres (Dalloz, *Répertoire*, 1882, Iʳᵉ partie, page 465).

représentation des ouvrages dramatiques les dispositions du décret de 1810, et il est admis,
quoique le texte ne le dît pas formellement, que la
représentation des œuvres musicales était comprise dans les prévisions de cette loi, comme elles
l'étaient déjà antérieurement dans celles des lois
de 1791 et 1793, d'après le texte et l'esprit de ces
dernières.

Tout doute à cet égard se trouve d'ailleurs levé
par une loi du 19 avril 1854, qui, unifiant le
régime auquel seraient désormais soumis tous les
droits reconnus aux auteurs par les diverses lois
que nous avons citées, maintenait le droit reconnu
aux veuves par le décret de 1810 et la loi de 1844,
et portait à trente ans à partir du décès, soit de
l'auteur, soit de sa veuve, la durée de la jouissance
accordée aux enfants de l'auteur. Mais rien n'était
encore changé aux dispositions de la loi de 1793
pour le cas où l'auteur ne laissait ni veuve ni
enfants ; la durée du droit dans ce cas n'était que
de dix ans à partir de sa mort.

Cette situation dura jusqu'en 1866, où une loi
du 14 juillet modifia toutes ces règles.

Faisons toutefois observer que ce serait une
erreur de croire que le droit de la veuve, que le
décret de 1810 appelait un droit de propriété et
que la loi de 1866 appelle un simple droit de

jouissance, autrement dit d'usufruit, ait totalement
changé de nature en 1866. S'il en était ainsi, il
faudrait aller jusqu'à dire que la veuve aurait pu,
de 1810 à 1866, aliéner la propriété des œuvres
de son mari et en dépouiller ses enfants. Mais il
n'en est rien, et à cet égard il a été nettement
précisé dans la discussion de la loi de 1866 que
l'esprit de la législation avait toujours été, comme
désormais le texte le dirait formellement, que la
propriété résidait sur la tête des enfants ou autres
héritiers pendant le temps fixé par la loi, et que
pendant sa jouissance la veuve ne pouvait aliéner
à leur préjudice le droit même de propriété.

Remarquons seulement, en nous referant à ce
que nous avons dit plus haut du cas où l'auteur est
décédé sans enfants avant la loi de 1866, que si le
mari, dans ce cas, est décédé plus de dix ans avant
cette loi, et si d'autre part la veuve a survécu plus
de dix ans à son mari, le droit éventuel, ou si l'on
veut, le droit de nue propriété des héritiers collatéraux se trouvant dès lors éteint, ou tombé dans
le domaine public, en vertu de la loi de 1793, le
droit de la veuve est devenu par la force des
choses un droit d'entière disposition équivalant à
un droit de pleine propriété, lequel appartiendra
à la veuve sa vie durant, en vertu du décret de
1810 et de la loi de 1854. Et, dans ce cas, la loi
de 1866, qui n'a pu avoir pour effet de réduire le

droit de la veuve, n'a pas pu davantage faire revivre le droit des héritiers de l'auteur, qui avait cessé d'exister dès avant sa promulgation.

C'est ainsi qu'au moment du vote de cette loi, il a été reconnu que le principe de la non-rétroactivité des lois s'opposait formellement à l'adoption d'un article qui aurait fait revivre les droits des héritiers d'auteurs tels qu'Augustin Thierry, droits qui s'étaient éteints depuis la présentation aux Chambres du projet de loi. **Le domaine public était saisi.**

Par contre, si une veuve d'auteur, dans le cas cité ci-dessus, vivait encore au jour de la promulgation de la loi, le droit privatif a pu se trouver prolongé par cette loi de façon à permettre à cette veuve, le droit des héritiers de son mari étant éteint, de transmettre la propriété dont elle se trouvait investie, soit à ses héritiers personnels, soit à des légataires ou à des cessionnaires, jusqu'à l'expiration du laps de cinquante ans depuis la mort de son mari.

En effet, la loi de 1866 soustrait le droit d'auteur au domaine public pendant ce laps de cinquante ans dans tous les cas où un héritier, successeur, donataire, légataire ou cessionnaire, existe qui peut revendiquer et exercer le droit. Le texte dit formellement que le droit, d'ailleurs régi par les prescriptions du Code Napoléon, sauf en ce qui touche la veuve ou le mari survivant, ne revient à l'État avant l'expiration de la période de cinquante ans qu'à défaut d'autres ayants droit et ne s'éteint pas, lorsqu'il n'y a plus d'autres héritiers, si à ce moment-là il y a encore des cessionnaires. Les créanciers, s'il y en a, peuvent même faire argent du droit en le faisant vendre pour le temps qui reste à courir jusqu'à l'expiration de la période de cinquante ans.

A défaut de toutes ces circonstances, les droits de l'État prennent naissance, et la loi dit nettement que le droit exclusif s'éteint, autrement dit que l'État l'abandonne au domaine public.

Si telle est bien la loi, et si, comme nous l'avons montré, il y a des cas où la veuve se trouve, par l'effet des lois antérieures, investie du droit entier, parce que le droit des héritiers, simples collatéraux, s'est éteint, dès avant la loi de 1866, dix ans après le décès de l'auteur, nous croyons qu'il faut dire que la veuve peut, en pareil cas, depuis cette loi, transmettre la pleine propriété pour toute la durée de la période de cinquante ans.

Mais supposons qu'elle meure sans l'avoir transmise et sans laisser d'héritiers, avant l'expiration de cette période. Le droit sera-t-il alors dévolu à l'État et le domaine public se trouvera-t-il par suite saisi? ou le droit ne renaîtra-t-il pas, pour

quelques années encore, au profit, soit des héritiers que l'auteur avait laissés, soit de ses plus
proches parents vivant encore à l'époque où dispa-
raît le droit de sa veuve ?

Nous posons cette question, qui nous paraît
fort délicate, sans chercher à la résoudre, l'examen
qu'elle comporterait étant de nature à nous entraî-
ner beaucoup trop loin. Disons toutefois que s'il
semble injuste de favoriser ces héritiers quand la
même faveur leur eût été refusée, sans l'existence
de la veuve lors de la promulgation de la loi de
1866, cette différence de traitement serait justifiée
par le grand principe de la non-rétroactivité des
lois, lequel ne permet pas de retirer du domaine
de tous ce qui est une fois tombé dans ce domaine,
et permet au contraire, quand le domaine public
n'a pas été saisi, d'appliquer dans tout son esprit
la loi de 1866, qui a voulu accorder cinquante ans
de jouissance du droit aux héritiers de l'auteur.
C'est ainsi que l'existence de la veuve à la date de
la loi de 1866 peut permettre d'accorder aux héritiers de l'auteur mort dix ans et un mois avant la
loi nouvelle les mêmes avantages qu'à ceux de
l'auteur mort neuf ans et onze mois avant la date
de cette loi. Autrement, à défaut de veuve, dans
les cas comme celui d'Augustin Thierry, le droit
des collatéraux s'étant trouvé éteint avant le
14 juillet 1866, le domaine public, saisi du droit,
n'a pas pu en être dessaisi. Les principes juridiques

auxquels ne peut toucher le législateur lui-même
ont quelquefois de ces rigueurs.

Reprenons notre étude des questions plus
usuelles qu'a tranchées ou qu'a fait naître la loi
de 1866.

Elle a résolu celle, antérieurement fort douteuse, mais habituellement résolue en sens op-
posé, de savoir si le mari d'une femme auteur
pouvait réclamer à la mort de cette dernière les
avantages que les textes n'accordaient expressément qu'aux *veuves* des auteurs, compositeurs et
artistes.

Elle dispose que le *conjoint survivant* a, pendant
cinquante ans, la simple jouissance, c'est-à-dire,
comme nous l'avons dit, l'usufruit des droits dont
l'auteur n'a disposé ni par cession, ni par dona-
tion, ni par testament.

Lorsque le survivant a ainsi la jouissance, la
propriété même du droit appartient aux héritiers,
directs ou collatéraux, pendant cinquante années,
après lesquelles le droit tombe dans le domaine
public.

Bien entendu chacun, pendant ce laps de temps,
peut céder les droits qu'il possède, et les personnes dont le droit n'est pas viager peuvent
en disposer comme elles l'entendent par testament.

Le conjoint d'un auteur mort depuis la loi de 1866 ne peut léguer son droit de jouissance, ce droit s'éteignant à sa mort.

Les droits de jouissance du conjoint survivant sont d'ailleurs réduits quand l'auteur a laissé des héritiers à réserve.

A cet égard se pose la question suivante, qui ne nous semble pas définitivement résolue par un arrêt rendu par la Cour de Paris (affaire Ponson du Terrail), le 18 juin 1883 (1).

De même que l'on peut admettre que le droit des héritiers, cédé ou même éteint par l'effet des lois précédentes, peut se trouver repris par eux, au décès, soit de la veuve, soit d'un légataire ou d'un cessionnaire qui ne laisse pas lui-même d'héritiers, pour le temps qui reste à courir jusqu'à l'expiration de la période de cinquante ans, le conjoint survivant n'a-t-il pas une vocation spéciale et exclusive à la jouissance du droit, vocation en vertu de laquelle doit lui revenir, lors du décès des héritiers réservataires, la partie de cette jouissance que la loi lui retire au profit de ceux-ci seulement, sans décider ce qu'elle deviendra à leur décès?

Remarquons que nous sommes ici dans un cas spécial d'une législation absolument exceptionnelle et qu'il s'agit, non pas de la nue propriété, qui ef-

---

(1) Voir Dalloz, *Répertoire*, 1885, IIe partie, page 47.

fectivement passe aux héritiers des héritiers, mais d'une jouissance que la loi attribue « pendant cette période de cinquante ans » au conjoint survivant, à l'exclusion de tous autres que les héritiers réservataires.

Nous pensons que le droit fait retour à la personne à qui la loi l'a attribué d'une façon expresse par faveur spéciale, et ne peut profiter aux héritiers collatéraux des héritiers réservataires, tant que dure la vie du conjoint.

Il nous semble notamment difficile d'admettre, avec l'arrêt cité, que l'héritier réservataire qui ne laisse pas lui-même d'héritiers descendant de l'auteur, puisse léguer ou céder pour le temps qui suivra sa mort, à qui il lui convient, le droit de jouissance que la loi réserve au conjoint survivant *pendant cinquante ans*, et qu'elle ne *réduit* qu'au profit des *héritiers à réserve*.

Cette jouissance est d'ailleurs refusée au conjoint quand les époux étaient, au moment du décès, séparés de corps ou divorcés, et elle cesse quand le conjoint contracte un nouveau mariage.

Ce n'est pas ici pour nous le lieu de traiter à fond la question suivante qui se rattache à ce qui précède et que nous ne ferons qu'indiquer : le droit de propriété littéraire est-il, entre les époux, un bien de communauté dont, avant qu'on appli-

que les règles de la loi spéciale, il y a lieu de faire,
dans les liquidations, le partage par moitié? et
y a-t-il ainsi lieu d'admettre qu'au décès de l'auteur, une partie, la moitié, de la pleine propriété
du droit grossit le patrimoine de son conjoint, à
la famille duquel ce droit partiel se trouvera ensuite transmis, au détriment de celle de l'auteur?

Disons seulement que cette question a été tran-
chée par un arrêt de la Cour de Paris du 3 avril
1884 (1) de la façon suivante : le droit de propriété
des ouvrages littéraires d'une personne mariée ne
tombe pas dans la communauté; les seuls droits
que l'autre époux tient du régime de communauté
et dont parle la loi de 1866 consistent à partager
par moitié les produits réalisés pendant la durée
de la vie commune.

Mais ajoutons que précédemment plusieurs décisions, dont une notamment de la Cour de cassation du 16 août 1880 (2), avaient statué en sens
contraire.

Peut-être y aurait-il lieu de faire certaines dis-

---

(1) Cour de Paris, 3 avril 1884, aff. dame Bernard-Derosne
c. son mari (Journal *La Loi*, 22 juin 1884). — Voir dans ce
sens : Pouillet, *Prop. litt. et art.*, n° 187.

(2) Cour de cassation, 16 août 1880, aff. Gaudichot, dit
Michel Masson c. Gaudichot fils (Dalloz, 1884, Ire partie,
page 25). — Voir également : Cour de Paris, 8 avril 1854, aff.
Brandus et Meissonnier c. Schonenberger (Étienne Blanc, *De
la contrefaçon*, page 85).

tinctions que semblent indiquer ces variations de
jurisprudence. Dans le cas de l'arrêt de 1884, l'auteur était vivant, et la liquidation n'était nécessitée
que par une séparation de biens. Nous croyons
qu'en effet l'esprit de la législation a toujours été
que l'auteur restât toute sa vie le maître absolu
de son œuvre (sauf les droits spéciaux que peut
avoir le mari pendant la durée du mariage).

C'est seulement quand l'auteur est mort que les
droits littéraires peuvent être assimilés aux autres
biens, sauf la jouissance spéciale accordée au
conjoint survivant par la loi de 1866. Jusque-
là ils demeurent propres à celui qui a produit
l'œuvre, et les produits seuls tombent en communauté.

C'est à tort, en tout cas, croyons-nous, que
l'arrêt de 1880 décide que la mort du conjoint de
l'auteur donne aux héritiers de ce conjoint le droit
de partager avec l'auteur lui-même tant la propriété que les produits de celle-ci. L'auteur,
maître de son œuvre, peut en disposer à son gré,
durant sa vie entière (art. 1er de la loi de 1793), et
bénéficie seul soit de la vente qu'il en fait, soit
du produit des éditions. Il ne saurait subir une
licitation que demanderaient par exemple de
simples héritiers collatéraux de son conjoint. Il ne
peut pas surtout être réduit à la jouissance de
la moitié des produits de son œuvre, alors que, en
vertu de la loi de 1866, son conjoint eût eu droit

·à l'entière jouissance, s'il était, lui auteur, décédé le premier (1).

Tout le monde au surplus est d'accord pour admettre qu'au cours du mariage, si le contrat de mariage des époux ne stipule pas expressément que le produit de la cession de leurs œuvres ne tombera pas dans la communauté, ce produit doit être considéré comme un acquêt dont la communauté ne devra pas la récompense. En vendant l'œuvre, l'auteur enrichit la communauté.

II

Il est bien entendu que, tout en abrogeant les dispositions des lois antérieures contraires au nouveau système, la loi de 1866 n'a pas porté atteinte aux droits précédemment acquis en vertu de ces lois.

Ainsi, dans le système que nous avons indiqué ci-dessus, d'après lequel la veuve, avant la loi de 1866, n'avait pas le droit de pleine disposition, qui lui eût permis de frustrer les héritiers de son mari, s'il s'agit d'un auteur mort peu de temps avant la loi de 1866, laissant une veuve et des enfants, le droit des enfants, qui a pris naissance

---

(1) Voir sur la question note de M. Lyon-Caen, sous l'arrêt cité, dans le *Recueil général des lois et arrêts de Sirey*, année 1881, Iʳᵉ partie, page 25.

sous le régime de la loi de 1854, peut ne s'éteindre que longtemps après l'expiration du terme de cinquante ans fixé par la loi de 1866. Si leur mère ou belle-mère décède près de cinquante ans après leur père, ce qui peut fort bien arriver, ils auront, à partir de son décès, pour trente années, un droit de pleine propriété succédant au droit de nue propriété qu'ils possédaient depuis le décès de leur père. Et le droit privatif pourra ainsi durer près de quatre-vingts ans après le décès de l'auteur, ou même davantage si la longévité de la veuve a été encore plus grande.

Il n'en serait autrement que si l'on admettait, conformément au texte du décret de 1810, que le droit de la veuve étant un droit de propriété dont elle pouvait, avant 1866, disposer en toute liberté, même au détriment des enfants, les droits de ceux-ci ne prenaient, en vertu de la loi, naissance qu'au décès de la veuve. Alors on pourrait dire que leur droit n'étant pas né lors de la promulgation de la loi de 1866, ce droit ne prendra pas naissance au décès de la veuve, si plus de cinquante ans se sont alors écoulés depuis la mort de l'auteur.

Ne pouvant bénéficier des dispositions de l'ancienne loi qui aurait cessé de leur être applicable avant qu'ils eussent un droit quelconque, ils devraient s'incliner devant les dispositions de la loi de 1866.

Mais nous ne croyons pas que cette solution
soit la bonne, et nous pensons que, dans tous les
cas, les héritiers d'un auteur mort avant 1866 ont
un droit qui dure trente ans à partir du décès de
la veuve.

Dans le même ordre d'idées, supposons que
l'auteur, laissant une toute jeune veuve, eût cédé
de son vivant son œuvre à un éditeur. La durée du
droit de l'éditeur, si l'auteur est mort avant 1866,
sera en tout cas au moins égale à la durée de la
vie de la veuve, augmentée de trente ans s'il y a
des descendants, et, s'il n'y en a pas, et si la veuve
a survécu moins de cinquante ans à son mari, elle
sera de vingt, de trente ou de cinquante ans après
le décès de l'auteur, ainsi que nous l'expliquerons
plus loin, suivant que le contrat aura été passé
sous l'empire de la loi de 1810, ou sous l'empire
de celle de 1854, ou, par les héritiers, postérieu -
rement à la loi de 1866.

Ce dernier exemple nous amène tout naturelle-
ment à l'examen des cas divers qui peuvent être
envisagés relativement à la durée des droits des
cessionnaires. Cette durée n'est pas toujours égale à
la durée des droits des héritiers. Voici pourquoi :
quand le législateur a successivement étendu la

durée du droit, soit de la veuve, soit des héritiers, en retardant l'avènement des droits du domaine public, il n'a jamais eu en vue de gratifier les cessionnaires qui avaient payé le prix de l'œuvre pour l'exploiter exclusivement pendant dix, vingt ou trente années, d'un avantage supplémentaire dont le prix ne serait pas payé par eux. Chaque fois que le législateur, dans une pensée de justice, a voulu augmenter le profit que les héritiers ou la veuve d'un auteur pourraient tirer des œuvres de cet auteur, c'est dans l'intérêt seul de la famille de l'auteur qu'il a fait la loi, et nullement dans celui du cessionnaire qui, lui, n'a aucun droit à cette sollicitude, même s'il s'est trompé en payant cher une œuvre qui n'a pas encore eu la faveur du public.

Disons immédiatement que la question ne doit pas être envisagée de même en ce qui touche les *légataires*. Ces derniers, surtout lorsqu'ils sont légataires universels, peuvent être considérés et, en tout cas, doivent être traités comme des héritiers de l'auteur. Chaque fois que la question s'est présentée pour eux, la jurisprudence les a toujours traités sur le même pied que les héritiers, et ne leur a jamais fait l'application des règles qu'elle applique aux cessionnaires. D'ailleurs, la loi nouvelle résout la question dans ce sens, en assimilant formellement les donataires et légataires aux héritiers des auteurs.

On en voit la raison : les bénéficiaires de dispositions à titre gratuit n'ont pas payé le prix d'une chose, d'un avantage déterminé qui n'est aliéné qu'en raison même du prix payé ; ils sont mis bénévolement par l'auteur de la disposition dans les lieu et place de ses héritiers, et il leur a donné les droits mêmes de ces derniers.

Au contraire, la durée de la jouissance des cessionnaires est limitée au temps pendant lequel devait durer le droit des héritiers de l'auteur aux termes de la loi en vigueur au moment où le traité a été conclu.

Cependant il peut arriver, et rien dans nos lois ne s'y oppose, que l'auteur cédant et l'éditeur cessionnaire prévoient dans le contrat l'hypothèse où une loi postérieure viendrait augmenter la durée de la propriété littéraire, et qu'il soit stipulé qu'en pareil cas le bénéfice de la prolongation de durée sera pour le cessionnaire. Dans ce cas, le prix de la cession ayant été nécessairement fixé en tenant compte de cette éventualité, on peut dire que l'éditeur a payé le prix de l'augmentation de durée, et par suite, il en a légitimement le bénéfice.

Mais dans le silence du traité, une pareille convention ne saurait être présumée, et un éditeur ne saurait revendiquer pour lui ce bénéfice, s'*il ne prouve pas* d'une façon formelle, par les modes de preuve reconnus par la loi, que telle a bien été l'intention commune des parties.

A défaut de cette preuve, l'éditeur qui a, par exemple, acquis antérieurement à 1866 une œuvre d'un auteur mort depuis cette date, verra son droit s'éteindre au profit des héritiers trente ans après la mort de l'auteur ou de sa veuve, si à ce moment les cinquante ans de la loi de 1866 ne sont pas encore écoulés, et si depuis cette loi il n'a pas obtenu par un traité complémentaire le bénéfice de la prolongation. Son droit se serait même éteint de la même façon au bout de vingt ans seulement, si son acquisition remontait à une époque antérieure à la loi de 1854.

Et l'on ne peut pas dire que cette solution n'est pas juste, si, ayant, par exemple, cédé son droit en 1853, l'auteur, jusqu'à sa mort, que nous supposerons arrivée en 1870, a omis de réclamer un supplément de prix à son cessionnaire, alors que la loi portait la durée du droit successivement de 20 à 30 ans en 1854 et de 30 à 50 ans en 1866. Il n'y a pas, croyons-nous, dans ce cas à présumer ni que l'auteur a ignoré la loi, que nul n'est censé ignorer, ni que, la connaissant, il a entendu, en gardant le silence, gratifier l'éditeur du bénéfice de la prolongation ; il y a simplement lieu de présumer que, sachant que les droits de son cessionnaire étaient limités à vingt ans après sa mort, d'après la date de la cession, il a entendu que, du moment que l'éditeur ne venait pas lui offrir un supplément de prix, ses héritiers retrouveraient le bénéfice du droit exclusif, pendant trente ans encore, à l'expiration du droit de vingt années appartenant au cessionnaire.

Cette solution de la question n'est pas tout à fait celle que proposent MM. Rendu et Delorme dans le passage de leur ouvrage rapporté par M. Pouillet au n° 165 de son *Traité de la Propriété littéraire et artistique*. D'après ces auteurs, dans le cas de prolongation qui nous occupe, quand l'auteur a cédé son droit sans aucune réserve, il doit être présumé y avoir renoncé pour ses héritiers d'une façon définitive, et le cessionnaire a le droit de profiter des augmentations de durée, mais il ne le peut qu'en payant un supplément de prix, que les tribunaux arbitreront au besoin, et à défaut de payement duquel les héritiers pourront seulement rentrer dans leurs droits.

Notre opinion diffère de celle de MM. Rendu et Delorme en ce que nous pensons que les héritiers sont maîtres d'accepter ou de refuser les offres de l'éditeur, de laisser à ce dernier ou de reprendre pour eux le droit qu'il n'avait acquis que pour le temps prévu par la législation sous l'empire de laquelle il avait contracté.

Nous avouons cependant que nous trouvons quelque chose d'injuste à cette reprise par les héritiers d'un droit qui allait tomber dans le domaine public.

Voici un éditeur dont le droit exclusif allait expirer par exemple en 1867, mais qui, pour défier toute concurrence lorsque l'œuvre tomberait dans le domaine public, en avait fait imprimer une grande quantité d'exemplaires, et était outillé pour continuer longtemps une exploitation fructueuse. Intervient la loi de 1866, qui rend pour vingt années le droit exclusif aux héritiers. Il est permis de trouver que la perte qui va être subie par cet éditeur sera non moins injuste qu'importante. Aussi a-t-il été admis qu'en pareil cas cet éditeur aura le droit d'écouler les exemplaires qu'il a imprimés de bonne foi avant l'expiration de son droit (1).

Nous nous demandons, avec M. Bétolaud, qui a émis le premier cet avis (2), s'il ne serait pas plus équitable et plus conforme à l'esprit même de la loi de reconnaître en pareil cas à l'éditeur un droit qui persisterait en concurrence avec celui des héritiers.

---

(1) Cour de cassation, 28 mai 1875, aff. Pradier c. Susse (Dalloz, 1875, 1ʳᵉ partie, page 334); — *Id.*, 20 novembre 1877, aff. Barba c. Degorce-Cadot (Dalloz, 1878.1.309).

(2) Voir l'avis de Mᵉ Bétolaud, à la suite du *Mémoire à consulter* pour M. Susse contre M. Pradier fils, signé de MMᵉˢ Sénard et Jacques Flach, avocats et produit dans l'affaire que nous venons de citer.

Les autres éditeurs ne peuvent pas se plaindre quand, avant que l'œuvre tombe dans le domaine public, une loi vient prolonger la durée du droit privatif ; au moment en effet où la loi intervient, ils n'avaient pas le droit, sous peine d'être contrefacteurs, même d'imprimer d'avance une édition à mettre en vente lors de l'expiration du droit (1). Ils ne sont donc pas fondés à se prétendre lésés par cette loi.

Mais il n'en est pas de même pour le cessionnaire, pour qui l'obligation de cesser pendant vingt ans de publier l'œuvre achetée par lui peut constituer une sorte de spoliation au profit d'un autre éditeur avec qui auront pu traiter les héritiers.

Nous pensons qu'il devrait pouvoir non seulement écouler les exemplaires imprimés, mais même continuer sa publication, en vertu d'un droit que nous croyons que les tribunaux seraient fondés à lui reconnaître comme acquis par le seul fait que l'auteur, en lui cédant la propriété de son œuvre, la lui a cédée sous l'empire d'une loi qui faisait succéder le domaine public, c'est-à-dire la faculté de continuer l'exploitation, à la période pendant laquelle le cessionnaire devait exercer un droit exclusif.

---

(1) Voir Huard et Mack, *Répertoire de jurisprudence en matière de Propriété littéraire et artistique*, n° 487.

Contrairement à l'opinion de M. l'avocat général Bédarrides, rapportée par M. Pouillet au n° 163 de son *Traité*, nous inclinons à croire que c'est sous ces conditions que le cessionnaire s'est rendu acquéreur, et qu'il a droit, par suite, au traitement du domaine public à partir du moment où le droit exclusif est repris en principe par les héritiers.

Cette solution n'a d'ailleurs, croyons-nous, rien de choquant. La situation qu'elle ferait au cessionnaire dont le droit exclusif est éteint, ne serait ni plus extraordinaire, ni plus exceptionnelle que celle d'un éditeur à qui l'auteur, de son vivant, accorderait licence de publier ses œuvres, tout en se réservant de concéder le même droit à d'autres. Victor Hugo et beaucoup d'autres ont usé de ce procédé.

Seulement, dans notre cas, la licence serait obligatoire comme ayant été forcément et implicitement accordée à la date même de la cession originaire, et comprise dans le prix de cette cession.

En somme, nous croyons que l'*auteur*, en cédant son œuvre, *garantit à son cessionnaire, non pas seulement un droit temporaire exclusif, mais le droit de reproduire l'œuvre sans interruption, jusqu'au jour où ce droit appartiendra à tous comme tombé dans le domaine public.*

Les droits de chacun se trouvent de cette façon respectés non seulement, croyons-nous, conformément à l'équité, mais même conformément aux dispositions de nos lois et spécialement à la règle de droit civil qui exige le respect des droits acquis · aux tiers en vertu de conventions licites, la loi même ne pouvant modifier après coup la portée de ces conventions.

Nous pourrions, pour mieux faire saisir à nos lecteurs l'application des divers principes que nous venons d'exposer, prendre quelques exemples d'auteurs morts à différentes dates et ayant laissé des héritiers et des cessionnaires dont les droits se trouvent réglés de cent manières différentes par le rapprochement des dates des décès, des dates des cessions, et également des dates et des dispositions des lois que nous avons étudiées.

Nous croyons préférable de ne pas citer de noms.

Rappelons seulement que, lorsqu'il s'agit d'œuvres d'auteurs morts jeunes, comme Herold, Bizet et tant d'autres qui ont dans ces derniers temps disparu à la fleur de l'âge, le système de la loi, qui fait dépendre la durée du droit des cessionnaires de la date à laquelle mourra l'auteur, paraît bien sujet à critique. On le comprend lorsqu'il s'agit des héritiers; leur jouissance personnelle, qui s'ajoute aux avantages qu'ils peuvent tirer de la situation de fortune que l'auteur laisse à son décès, a une durée fixe qui est aujourd'hui de cinquante ans. Au contraire, la jouissance de la chose dont le cessionnaire a payé le prix, a une durée qui peut varier entre cinquante ans et plus du double, suivant l'âge qu'avait l'auteur lors du traité et celui auquel il est mort. Il est ainsi bien difficile que le prix d'une cession soit en rapport avec les bénéfices que l'acquéreur peut en attendre, si le vendeur arrive à un âge avancé. Cinquante ans de plus ou de moins dans la durée du droit de représentation d'une œuvre, par exemple, peuvent produire des différences singulièrement grandes dans les résultats de l'exploitation de cette œuvre par un cessionnaire, sans que les prévisions puissent servir de base aux conventions des parties autrement qu'en envisageant à peu près comme un maximum les cinquante ans qui représentent la durée minimum du droit.

Beaucoup de personnes pensent qu'il serait préférable d'adopter un système analogue à celui qu'ont institué les Italiens.

En Italie, le droit de reproduction appartient à l'auteur pendant sa vie et profite à ses héritiers de la même manière jusqu'à l'achèvement d'une période de quarante ans qui commence au moment de la publication de l'œuvre. A l'expiration de cette première période en commence une seconde, d'une durée de quarante ans, pendant laquelle l'œuvre peut être reproduite par tous, moyennant une rede-

vance, garantie par un privilège, qui est de
5 p. 100 sur le prix fort des exemplaires. Le droit
de représentation ou d'exécution des œuvres dramatiques ou musicales a une durée de quatre-
vingts ans, à compter de la première représentation ou publication de l'œuvre (1).

Bien entendu tous les droits ainsi reconnus aux
auteurs ou à leurs héritiers peuvent être par eux
cédés par tous les modes autorisés par la loi.

Dans ce système, comme on le voit, chacun sait
à peu près (2) exactement quelle sera la durée de
son droit sur une œuvre qui vient de paraître. La
loi italienne organise les moyens de constater la
publication d'une œuvre, la date de sa naissance
et les mutations survenues dans la propriété du
droit d'auteur.

Nous pouvons adopter chez nous des dispositions semblables. Chacun s'en félicitera. Le régime
du domaine public payant a notamment de grands
avantages pour les héritiers de l'auteur.

On a déjà songé, d'ailleurs, à réaliser une mesure que rend à peu près nécessaire la multiplicité
des ouvrages de toute nature, notamment des
œuvres dramatiques et musicales, qui franchissent

---

(1) V. Lyon-Caen et Delalain, *Lois françaises et étrangères sur
la propriété littéraire et artistique*, tome Ier, p. 384.

(2) Nous disons : *à peu près,* parce que le droit de reproduction peut durer plus de 80 ans si l'auteur meurt plus de 40 ans
après la publication.

aujourd'hui si aisément les frontières et auxquelles
de plus en plus est accordé, dans chaque pays, la
protection des lois, quelle que soit la nationalité
de l'auteur. Il s'agit d'établir une sorte d'état civil,
dont les archives seraient centralisées à Berne,
de toutes les œuvres publiées dans les pays qui
ont adhéré à l'*Union internationale de la Propriété
littéraire et artistique*, avec indication de tous
renseignements propres à établir les droits de
tous intéressés conformément aux législations de
chaque pays.

La réalisation de ce projet ne paraît pas pré-
senter de bien sérieuses difficultés, si les États de
l'Union rivalisent de bonne volonté pour s'en-
tendre et se prêtent ensuite à une exécution scru-
puleuse des mesures qui auront été adoptées.

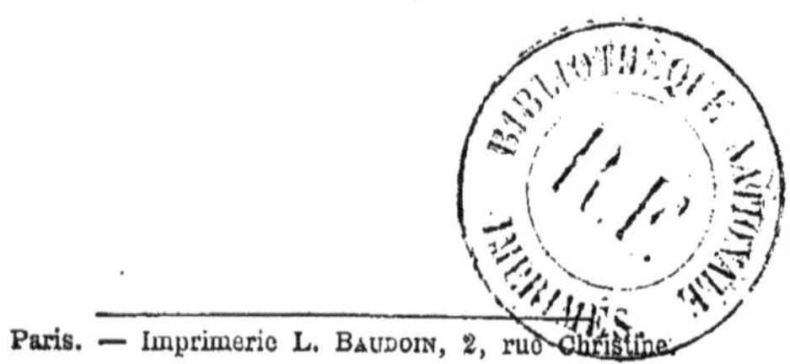

Paris. — Imprimerie L. BAUDOIN, 2, rue Christine.

www.ingramcontent.com/pod-product-compliance
Ingram Content Group UK Ltd.
Pitfield, Milton Keynes, MK11 3LW, UK
UKHW020041080726
13614UKWH00004B/1899